MÉMOIRE

PRÉSENTÉ AU ROI,

Par M. DE GASTÉ,

ANCIEN ÉMIGRÉ,

CONTRE LE PROJET DE LOI RELATIF A L'INDEMNITÉ
EN FAVEUR DES ÉMIGRÉS.

MÉMOIRE

PRÉSENTÉ AU ROI,

Par M. DE GASTÉ,

ANCIEN ÉMIGRÉ,

CONTRE LE PROJET DE LOI RELATIF A L'INDEMNITÉ
EN FAVEUR DES ÉMIGRÉS.

A PARIS,

CHEZ TOUS LES MARCHANDS DE NOUVEAUTÉS.

Janvier 1825.

MÉMOIRE

PRÉSENTÉ AU ROI

MÉMOIRE

PRÉSENTÉ AU ROI,

Par M. DE GASTÉ,

ancien émigré,

CONTRE LE PROJET DE LOI RELATIF A L'INDEMNITÉ EN FAVEUR DES ÉMIGRÉS.

———⊷◆⊶———

SIRE,

A peine Louis XVIII avait-il fermé les yeux, que par un mouvement spontané la France entière s'est élancée vers son nouveau Roi, comme des enfans éperdus qui réclament la tendre sollicitude d'un père.

L'enthousiasme qu'elle a manifesté à votre avènement au trône, ce sont, SIRE, vos vertus qui l'ont inspiré. Toutes les espérances reposent sur vous.

Qu'il me soit permis de vous dire la vérité qu'on cherche toujours à cacher aux Rois ; je la dirai avec ce ménagement et ce respect qui conviennent à un sujet fidèle et dévoué, s'adressant au meilleur et au plus loyal des Rois.

Votre règne, SIRE, sera une des époques les plus intéressantes de notre histoire. Vous replacerez la France dans le haut rang d'où elle est descendue, parce que vous n'écouterez que les hommes droits; vous n'écouterez que ceux qui sont attachés à votre dynastie et à l'État, deux choses inséparables. Plût au ciel que le feu Roi n'eût jamais eu d'autres conseillers! En rendant justice aux bonnes intentions de ce Prince, je signalerai quelques faits de son règne qui eurent des conséquences fatales à l'État.

Au moment où la Providence nous rendit la race auguste de nos Rois, Louis XVIII, que ses infirmités corporelles avaient tenu éloigné de la scène du monde, crut, pour le bien de ses sujets, devoir placer sa confiance dans certains artisans de nos troubles et de nos malheurs.

Ce Prince désirait sans doute faire le bonheur de ses sujets. Que n'écoutait-il son cœur? Que ne consultait-il le vôtre, Sire? La France se serait élevée promptement à ce haut degré de prospérité que lui promet votre règne!

Le génie des révolutions méditait de nouveaux bouleversemens : une fois introduit dans les conseils du Roi, il persuada que l'ingratitude était une nécessité; la pitié, un sentiment faux qu'il

fallait étouffer, et que les actes spoliateurs de ces temps si féconds en crimes, devaient être consacrés par une loi spéciale de la nouvelle constitution qui allait succéder à ces constitutions spoliatrices que depuis vingt-cinq ans la France avait vu naître et mourir. Ces malheureux voulant lui donner un air de famille, s'empressèrent de consommer la ruine des serviteurs dévoués de ce Prince..
....

D'un bout de la France à l'autre, il n'y eut qu'une opinion sur l'art. 9 de la Charte. On le repoussa partout, et les biens confisqués, pour avoir servi la cause des Bourbons, continuèrent d'être frappés de réprobation. Le sentiment de l'éternelle justice se manifesta dans ce moment d'une manière éclatante. Cette loyauté couvrit la nation de gloire.

Jamais le Roi n'eut d'ennemis plus perfides que ceux qui osèrent dire qu'il fallait ratifier les spoliations exercées sur les amis de la monarchie. Ceux qui firent prévaloir cette opinion étaient des hommes pervers, enrichis des dépouilles publiques ; craignant la justice pour eux-mêmes, ils se crurent à l'abri des poursuites en se plaçant derrière les détenteurs des biens des proscrits. Un fripon ne peut jamais que compromettre le prince qui l'emploie et l'État qu'il sert. Pas un mot ne fut dit en faveur du malheur ! Jamais dévouement ne fut cependant plus noble, plus désintéressé et plus magnanime que celui des émigrés.

Lorsque votre auguste frère Louis XVI fut mis en captivité par des sujets coupables, Votre Majesté, alors Altesse Royale comte d'Artois, fit un appel à tous les sujets fidèles et dévoués à l'infortuné monarque, dans l'intention de l'arracher des mains de ses cruels oppresseurs : voilà les motifs de l'émigration. La conduite des émigrés ne venait pas d'un mouvement d'enthousiasme qu'un peu de réflexion détruit ; elle était guidée par l'honneur avec lequel il n'y a point à composer. Si Votre Majesté eût atteint le but qu'elle se proposait, la France aurait conservé le meilleur des Rois, et le plus grand des crimes n'eût pas été commis.

Un sort funeste traversa bientôt les desseins les plus généreux. L'adversité assaillit de toutes parts les émigrés; mais elle les trouva toujours constans dans l'amour de leurs devoirs, grands dans le malheur, sublimes dans leurs derniers momens : l'antiquité n'offre rien de semblable.

Le sage de la Grèce, entouré de ses disciples et de ses amis, reçut, jusqu'à son dernier soupir, les témoignages de leur amitié, de leur reconnaissance et de leur douleur. La ciguë semblait plutôt destinée à lui procurer le sommeil qu'à lui causer la mort. A l'éclat et à la pompe qu'on donna à son jugement et à sa condamnation, le

fils de Sophronysme dut voir qu'une auréole de
gloire environnerait son nom chez les races futures : ravissante et incomparable satisfaction
pour un cœur avide de gloire!

Les émigrés, au contraire, lorsqu'ils tombaient
entre les mains de leurs ennemis, étaient jetés
dans des cachots où ils éprouvaient les traitemens les plus barbares : la pitié était un crime
alors ; ils ne voyaient que des êtres féroces. Leur
noble caractère se soutint sans se démentir, et
plus d'une fois ils étonnèrent leurs bourreaux par
leur fermeté et leur courage.

A Ypres, Menin et Newport presqu'un régi-
ment, malgré la foi des traités, fut impitoyablement fusillé. Un monstre revêtu d'un grade supé-
rieur, eut, dit-on, la lâcheté d'assassiner de sa
propre main plusieurs de ces braves qui étaient
désarmés : action tellement infâme que la langue
française manque d'expression pour la qualifier.

A Quiberon, un nouveau forfait vint encore
effrayer la France. Malgré une capitulation so-
lennelle, plusieurs milliers d'émigrés furent as-
sassinés. De ce nombre étaient presque tous les
officiers de la marine royale.

Les scélérats qui ordonnaient ces massacres
semblaient les hommes gagés d'une puissance
rivale. De ce moment la suprématie des mers fut
acquise sans retour à l'Angleterre.

A Quiberon, plusieurs jeunes gens, à raison

de leur âge, auraient pu éviter la mort, ils préférèrent subir le sort de leurs compagnons d'armes, et, comme eux, ils moururent en héros.

Tels furent les émigrés avant la restauration. Depuis cette époque les a-t-on entendus se plaindre de l'abandon dans lequel on les a laissés? Parmi cette foule de pétitions présentées aux Chambres pour demander de l'or, on n'en citera pas une seule faite par un émigré. Leur sort cependant est devenu plus affreux que jamais, puisque la Charte inexorable leur enleva ce qu'on laisse toujours aux malheureux, l'espérance. La plupart ne payant pas le cens, ne purent être électeurs : la révolution eut des représentans dans la Chambre des Députés; le malheur n'en eut pas, et *aucun* émigré n'a élevé de plaintes.

De tels hommes, Sire, ne méritaient pas qu'on les traitât avec cette indifférence cruelle qu'on a eue pour eux jusqu'ici.

Si, dans ce moment, j'élève la voix, ce n'est cependant pas dans leur intérêt; ils me désavoueraient; c'est dans l'intérêt de la couronne, c'est dans l'intérêt de la France.

La morale publique est ébranlée jusque dans ses fondemens par tout ce qui s'est fait depuis quelques années. Rassurez, Sire, vos amis épouvantés. Presque toujours l'honnête homme a été éloigné, repoussé, on pourrait dire écrasé.... Le scélérat, accueilli et doté de manière à passer sa vie dans des palais au milieu de l'opulence, et des milliers de royalistes qui ont tout perdu pour le Roi, n'ont pas où reposer leurs têtes.

Le plan suivi à la restauration avait pour but d'inspirer à chacun le dégoût de ses devoirs, la haine contre les institutions nouvelles et contre leur auguste auteur. Ceux qui trompaient ainsi le Roi s'emparèrent des journaux, vantèrent l'ordre établi ; tandis qu'ils abusaient le malheureux monarque, dans son palais, sous ses yeux et en son nom, on ourdissait la plus horrible trahison.

Tout-à-coup, à une des extrémités de la France, un homme sort de l'Océan ; à son teint basané, à ses manières rudes et grossières et à son accent étranger, il est facile de reconnaître qu'il n'a rien de Français : c'est Buonaparte.

Ce nom rappelait tous les crimes : et la basse persécution dont un général illustre fut victime (1), et l'assassinat d'un des premiers capitaines de ce siècle (2) ; et cet autre assassinat, le plus affreux de tous, qui priva la France du dernier rejeton de cette famille de Bourbons si féconde en grands hommes, en immolant un jeune *héros*, l'espoir de la patrie, et grand lui-même comme ceux de son sang (3).

_____

(1) Moreau.
(2) Pichegru.
(3) L'infortuné duc d'Enghien.

Mais ce Buonaparte, si cruel dans ses fureurs, si terrible pour ceux qu'il regardait comme ses ennemis, était magnanime envers ceux qui se dévouaient à son service ; on peut même dire qu'il faisait pour eux plus qu'ils n'espéraient.

Il fallut opter entre des princes qu'on aimait... et un homme qui croyait n'en avoir jamais assez fait pour ceux qui s'exposaient pour lui... Le parti fut bientôt pris. Dans un moment la France fut couverte de parjures. Les émigrés, dont rien n'avait pu altérer le dévouement pour leur Roi, se présentèrent pour le défendre. A la vue de ces hommes supérieurs aux rigueurs du sort, mais pauvres, mais délaissés et couverts des *haillons de la fidélité*, le nombre des parjures augmenta encore.

Pour vaincre cet homme qui, quelques jours avant sa catastrophe, disait à ses soldats: *Je vous donnerai les terres de vos ennemis*, il fallut les armées réunies de l'Europe. Lorsqu'il eut violé son ban et repris le pouvoir, il fallut encore cette même masse de soldats pour le chasser de cette terre souillée de sa présence.

L'invasion de Buonaparte et tous les malheurs qui la suivirent furent le résultat des concessions faites à la révolution. Ce qu'il y eut de plus fâcheux, c'est que le passé ne servit à rien. On fit après, pis qu'on n'avait fait auparavant. Les con-

seils du Roi, à la seconde rentrée, furent tous
infectés des hommes immoraux du gouvernement usurpateur; ou y vit entr'autres un de ces
monstres, dont le nom justement exécré passera
à la postérité accolé à ceux des Marat, des Robers-
pierre, des Barrère et des Carrier. La France fut
plus divisée que jamais. Pour en venir là, il lui en
coûta près de trois milliards.

Une fois que les hommes de la révolution eurent en main le timon des affaires, ils donnèrent
toutes les places à leurs amis, en se servant de la
magie des mots, dont ils connaissaient le pouvoir. Les mots qui firent fortune furent ceux de
droits acquis : ce qui veut dire que quand ou a
bien servi les gouvernemens révolutionnaires, on
a droit sous celui du Roi à toutes les faveurs et à
toutes les places, par *privilége exclusif,* ce qui
eut effectivement lieu.

Ce n'était pas ainsi que pensaient Henri IV et
Sully. *On veut nous proscrire ,* disaient deux li-
gueurs à Henri IV. — *Proscrire ,* dit ce grand
roi, *n'est pas mon mot d'ordre ; rallier , voilà
ma consigne.* —*Rallier ,* reprit M. de Sully, *ne
dit pas conférer des fonctions publiques ; il exprime seulement qu'on doit donner des gages de
fidélité à son Roi, pour être digne de ses faveurs.*

Un des grands malheurs de l'ascendant qu'ont
eu les révolutionnaires, est celle idée désastreuse

d'aliéner les forêts, qu'ils sont parvenus à faire prévaloir. Dans les besoins les plus impérieux, dans les dangers les plus grands, dans ces temps où on ne respectait rien, on n'avait jamais osé dévorer ce capital. On a vendu à vil prix le fonds et la superficie des meilleurs bois de la France. Et quel but avait-on en agissant ainsi ? De donner de la valeur aux ventes révolutionnaires: ainsi le crime venait à l'appui du crime. Voilà, Sire, comme les finances ont été administrées depuis quelques années, comme les ressources de notre marine, nos moyens de constructions civiles, nos vraies richesses, en un mot, ont disparu sans retour.

On s'extasie en voyant le taux de la rente, il faut plutôt s'en affliger. C'est en rentes que sont placés tous ces capitaux qui devraient vivifier nos villes de commerce, maintenant désertes; c'est en rentes que sont placés ces capitaux qui devraient favoriser l'agriculture, découragée par le bas prix de ses productions. L'agiotage est le fléau d'un État. Il offre chaque jour à Paris le spectacle immoral de banqueroutes frauduleuses, à la suite desquelles des familles entières sont ruinées, et ces exemples répétés n'empêchent pas d'autres malheureux de courir avec empressement à leur perte.

Plutôt que d'aliéner les bois de l'État, si l'administration eût été sage et prévoyante, elle eût acheté ceux des particuliers , afin de recréer notre marine. Je vois avec douleur que le système suivi présentement , ne tend qu'à laisser le *sceptre du monde* entre les mains d'une nation voisine.

Quant au crédit public , il est , SIRE ; in dépendant de tel ou tel homme , de tel ou tel ministère.

Charles II, en 1672, fit fermer l'échiquier, et enleva aux banquiers un million 200,000 livres sterling, environ 80 millions de francs , au cours actuel. Charles en paya six pour cent pendant son règne. Malgré cette insigne violation de la foi publique , il trouva de l'argent à huit pour cent, c'est-à-dire au même intérêt qu'il avait payé avant cette violence : preuve assez sensible que la nature du crédit public , loin d'être aussi délicate qu'on se l'imagine , est réellement si forte qu'elle est très difficile à détruire.

Le crédit public, SIRE, s'élèvera à un degré de prospérité inconnu jusqu'ici, lorsque la grande famille sera réconciliée ; mais pour arriver à un but si désirable, Votre Majesté ne prendra conseil que de Dieu et de sa conscience. Je la supplie de considérer le passé pour se préserver de l'avenir.

La révolution française, comme on l'a fort bien dit , a un caractère *satanique*, qui lui est particulier ; son point d'appui semblait être dans

l'enfer même; ce qui est émané d'une source
aussi impure peut-il être sacré pour nous ?

Les crimes les plus épouvantables furent commis avec une scélératesse dont on ne trouve
d'exemple nulle part. On méconnut Dieu même.
Aussi tous les cultes furent outragés; la religion
de l'Etat, objet de respect chez toutes les nations, essuya la plus horrible persécution. Ses
temples furent profanés ou démolis, ses ministres massacrés. Les assassins n'avaient d'autre
plan que de détruire. La soif du sang devint si
ardente, que ni l'âge ni le sexe ne furent épar-
gnés, et ils ne purent étancher la soif qui les dé-
vorait. Dans la Vendée, des enfans de sept à huit
ans étaient livrés à des commissions militaires, et
en vertu d'arrêts sanguinaires qu'on appelait ju-
gemens, abandonnés à des soldats qui les égor-
geaient impitoyablement !.... O Providence !...

Il n'y avait plus sur cette terre de désolation
que des victimes et des bourreaux....

Ce fut alors que presque tous les biens des
proscrits furent abandonnés aux fauteurs de tant
de crimes. Couverts de sang, ils s'emparèrent de
l'héritage des malheureux qu'ils venaient d'égorger. Tout le monde sait la manière dont ils usè-
rent de ces biens, qu'ils n'espéraient jamais garder. La conscience la plus insensible n'a pu voir
de sang-froid le brigandage exercé à l'égard des
biens nationaux. Les bâtimens furent rasés, et

avec si peu de discernement, que la vente qui en provenait ne couvrait quelquefois pas les frais.

Presque tous les arbres, même les arbres fruitiers, furent abattus et brûlés. Le dessein des révolutionnaires paraissait être de faire un désert de notre malheureuse patrie. Comment auraient-ils respecté les habitations des hommes, ces êtres dépravés pour qui le crime avait d'autant plus d'appas qu'il était plus horrible! Pour donner une idée à Votre Majesté de ces temps d'exécrable mémoire, je vais transcrire le rapport d'un des médecins qui furent visiter votre auguste neveu, ce roi enfant, victime du plus horrible attentat : « *J'étais accompagné de deux de mes confrères (je copie le rapport du médecin); nous arrivâmes au moment du dîner. Une écuelle de terre rouge contenait un potage noir, couvert de quelques lentilles ; dans une assiette de la même espèce était un petit morceau de bouilli noir aussi et retiré, dont la qualité était assez marquée par ces attributs ; une seconde assiette, dont le fond était couvert de lentille, et une troisième dans laquelle étaient six châtaignes plutôt brûlées que rôties ; un couvert d'étain, point de couteau (les commissaires nous dirent que c'était l'ordre du conseil de la commune), point de vin.*

Ainsi a été traité dans Paris, dans la capitale de son royaume, un roi âgé de neuf ans, héri-

tier de soixante-sept rois! un jeune prince dont
on venait d'assassiner le père, la mère et la tante!

Beaucoup, SIRE, de ceux qui figuraient dans
toutes les scènes de cette criminelle époque, reçoivent maintenant des traitemens qui feraient
vivre à leur aise des milliers de familles vendéen-
nes ruinées en se battant pour leur prince.
Combien de malheureux pères de famille sont
obligés d'arroser la terre de leurs sueurs et de
priver leurs enfans du nécessaire, afin de four-
nir au luxe de ces hommes qui ont égorgé leur
Roi? Qu'ont-ils fait, ces grands coupables, dans
ces temps funestes, pour le jeune héritier de tant
de rois, afin d'atténuer l'énormité du forfait qu'ils
venaient de commettre.

Enfant infortuné, Louis XVII, ô mon Roi,
issu d'un sang que j'adore, il ne s'éleva donc pas
une seule voix en ta faveur parmi les hommes
qui avaient du pouvoir alors? Ton âge, le rang
dans lequel tu étais né, ton innocence, tes malheurs, ceux de ta famille, ne surent attendrir
cette troupe de bêtes féroces, appelée *Convention.* Tu péris victime de la plus profonde scélératesse, de la préméditation la plus barbare et
des traitemens les plus cruels, sans qu'une âme
honnête adoucît les horreurs de tes derniers momens, et recueillît ton dernier soupir! Tes cen-
dres ont même disparu! les barbares les ont sous-
traites à notre vénération et à nos hommages. Il

ne nous reste que le souvenir de tes infortunes que nous n'avons pu empêcher.

Je n'ai point l'intention, SIRE, d'appeler la vengeance sur les coupables, par cette légère esquisse que je viens de tracer des crimes des révolutionnaires. Mais Votre Majesté pense-t-elle que la France doive sacrifier son bonheur, sa tranquillité et son avenir pour ces hommes qui seuls sont un obstacle à ce que l'abîme de la révolution soit comblé, *les acquéreurs de biens d'émigrés*, dont la plupart sont enrichis de la manière que je viens de le dire.

Il existe en France deux nations ennemies, les spoliés et les spoliateurs. Cet état de choses enfante des haines, des divisions et des jalousies qui, dans les momens critiques de l'État, auront les suites les plus fâcheuses. C'est ce cancer dévorant qu'il faut extirper jusqu'à la racine, et le seul moyen est de remettre les biens spoliés aux anciens propriétaires. Tous les petits et grands cerveaux révolutionnaires se sont agités et tourmentés en tous sens, pour faire croire que cette restitution était une chose difficile....... Difficile d'être juste! Mais ce qui me paraît difficile à moi, c'est de ne pas l'être; car il faut alors mettre de côté et la loi divine et la loi naturelle. Je n'entrerai point dans le détail des moyens d'exécution, rien n'est plus facile; mon but, dans ce momen·, est de faire admettre le principe.

Le respect que nous devons avoir pour la Charte, ainsi que l'a dit le rapporteur du projet de loi sur la septennalité, *est l'une de nos plus précieuses garanties. Toutefois pour les législateurs et les hommes d'Etat, le respect ne peut être ni servile, ni aveugle; il doit dominer leur pensée, mais il ne saurait enchaîner leur raison.*

Le temps seul apprend ce qu'il faut changer ou modifier dans les lois qui règlent les sociétés humaines. Trente années ont assez prouvé que l'art.9 de la Charte était incompatible avec l'honneur français. Le maintenir, c'est, en quelque façon, attenter à la délicatesse et à la pudeur d'une nation qui a le sentiment de l'honnête, et dont la répugnance pour les biens des proscrits s'accroît plutôt qu'elle ne diminue.

Vox populi, lex Dei, la voix du peuple est la loi de Dieu. Le peuple, SIRE, n'a cessé de se prononcer contre ces ventes scandaleuses et criminelles du bien des proscrits. La Convention, par de prétendues lois, en avait ordonné la vente; le peuple méprisa ces lois : il se trouva des hommes qui les prirent pour rien, mais personne ne voulut les acheter. Le Directoire favorisa de tout son pouvoir ces mêmes ventes et toujours sans succès, c'est-à-dire sans profit pour le fisc. Buonaparte, vainqueur de presque toutes les nations de l'Europe, qui, l'épée à la main, obtint pour épouse une princesse de la famille des Césars, échoua lorsqu'il fut question de donner aux biens des proscrits une valeur que la conscience de la nation repoussait. Les efforts faits depuis la restauration n'ont pas été plus heureux, il est temps d'arrêter ce scandale. Conservez, SIRE, à notre France cette antique et précieuse loyauté, cette délicatesse et cette pureté de principes qui ont résisté à la dépravation révolutionnaire. Ce sont ces vertus qui sauvent les empires dans les momens d'adversité.

Quelques années avant que Buonaparte ne fît la guerre à la Prusse, je parcourus ce royaume que Frédéric avait *régénéré*. Ce roi, poète, littérateur, historien et guerrier illustre, eut sur son pays une influence prodigieuse. Frédéric, contemporain des *philosophes* du dix-huitième siècle, avait pour eux un souverain mépris; mais, par une bizarrerie difficile à expliquer, il les caressa et les attira à sa cour, où il souffrit qu'ils professassent publiquement l'athéisme. Les idées irréligieuses infectèrent bientôt les hautes classes de la société, et en peu de temps elles devinrent populaires.

Au commencement de ce siècle, le Roi actuel et son auguste épouse donnaient en vain l'exemple de toutes les vertus. Sauf quelques exceptions, il n'y avait en Prusse que des esprits forts. En 1806, Buonaparte mène son armée contre eux. D'un plateau proche de Jéna, il aperçoit l'armée prus-

sienne, la plus belle que jamais cette puissance ait eue. Il dit à ses soldats : « Allez!.. » Quelques heures après, l'armée prussienne était détruite et la monarchie n'existait plus. L'esprit raisonneur de la philosophie l'avait tuée. Elle disparut après une seule bataille perdue, comme les fantômes de la nuit au crépuscule du jour.

Ainsi tomba cette nation, soutenue par la philosophie. Il était réservé à un peuple religieux, à l'Espagne, de sauver l'Europe, au moment où la barbarie révolutionnaire menaçait de tout envahir. Trente mille soldats, l'élite de l'armée espagnole, commandés par le célèbre La Romana, avaient été envoyés sous différens prétextes jusque sur les bords de l'Elbe. En Espagne, les arsenaux étaient vides; aucune place-forte n'était approvisionnée : cent mille Français destinés, disait-on, à faire le siége de Gibraltar, occupaient la Péninsule, lorsqu'à Bayonne, dans un guet-apens, Buonaparte força le roi d'Espagne d'abdiquer la couronne en sa faveur. A ce trait de perfidie, la nation se réveille. Ce fut le réveil du lion en fureur. Sans chefs, sans armes, sans soldats, envahie par une armée étrangère, ses vieilles, institutions la sauvèrent. Buonaparte, étonné qu'on ose lui résister, se livre à tous les excès que la rage peut suggérer. Comme le tigre qui plonge sa tête dans le corps de la victime qu'il vient d'égorger, qui la retire pour l'y plonger de

nouveau, l'assassin du duc d'Enghien, le fer et la torche à la main, ravage l'Espagne du nord au midi, de l'orient à l'occident. Fureur impuissante! L'Espagne, soutenue par sa *religion et ses moines, ses préjugés et son inquisition*, reste debout au milieu de ses ruines.

Cette conduite héroïque relève le courage des nations humiliées de l'Europe. Elles courent aux armes; et l'impie au cœur de bronze et aux pieds d'argile, qui, dans son délire, croyait imposer la loi au monde, s'évanouit comme un songe.

Le coup le plus funeste porté à la morale publique est l'article de la Charte qui ratifie la vente des biens des émigrés. Récompenser les ennemis les plus acharnés du trône, écraser ceux qui avaient tout fait pour le soutenir, je l'avoue, cela étourdit ma raison.

J'ai interrogé mon esprit, j'ai consulté mon cœur, je suis descendu dans ma conscience, et il m'a toujours été impossible de concevoir le motif d'un pareil acte. Je n'ai jamais pu me persuader encore qu'un Roi ait le droit de disposer ainsi des biens de ses fidèles sujets, biens qu'ils n'ont perdus que par suite de leur dévoûment pour lui. Les rois sont les chefs des peuples: images de Dieu sur la terre, ils tiennent le glaive pour punir les méchans et protéger les bons.

Insérer dans une *constitution* représentative un acte de despotisme inouï dans les annales du

monde (la ratification des spoliations révolutionnaires), est encore une de ces choses que mon esprit ne saurait comprendre.

En mettant de côté tout sentiment de justice ,
un pareil acte n'est pas soutenable , à raison des
conséquences qui en dérivent. Les hommes qui
ont pris part à sa rédaction diront, pour s'excuser, *que des raisons d'État , des circonstances
extraordinaires ont exigé la spoliation des émigrés.* Les malheureux ne voient pas que parler
ainsi, c'est consacrer le principe de la spoliation.
A l'aide de ces mots, *raisons d'État, circonstances extraordinaires,* chacun peut voir tous les
jours ses propriétés confisquées. Que les consti-
tutionnels, que les libéraux, et que les royalistes
de toutes les nuances, si leur avenir, si celui de
leurs enfans, sont de quelque considération à
leurs yeux , élèvent avec moi leurs voix vers le
trône pour redemander l'annulation de l'art. 9 de
la Charte; qu'ils ne le fassent pas pour les émigrés,
ils ne le demandent pas; qu'ils le fassent dans
leur propre intérêt.

Point de confiscation! voilà le principe qu'il
faut faire admettre. Ainsi une nouvelle révolution (ce dont Dieu nous préserve) peut encore
déranger l'harmonie de notre existence; mais
cette révolution sera moins terrible quand on
saura que les délateurs et les assassins n'obtien-
dront point pour prix de leurs forfaits les dé-

pouilles des victimes qu'ils auront égorgées, et que ces mots affreux de *raisons d'État*, et de *circonstances extraordinaires*, ne serviront plus à excuser les crimes les plus grands, et à consacrer les plus horribles injustices.

Point de confiscation! Si le principe est admis, la civilisation aura fait un pas de géant. Mais, dira-t-on, le principe est admis à partir de la Charte. Non, le principe n'est pas admis, puisque vous le violez au moment où vous cherchez à le consacrer. On ne parle point d'humanité au milieu des victimes qu'on égorge.

Lorsque Louis XVI reçut l'onction sainte, il fit le serment de respecter les droit de ses sujets. Le plus sacré de tous, après la vie, est la propriété. Ce monarque se rappelait les sermens qu'il avait faits au pied des autels lorsqu'il écrivait, le 26 août 1789, à M. l'archevêque d'Arles: *Je ne donnerai point ma sanction à des décrets qui dépouilleraient ma noblesse; c'est alors que le peuple français pourrait un jour m'accuser d'injustice et de faiblesse.*

Les sermens de Louis XVI n'ont point été obligatoires pour Louis XVIII, pourquoi ceux de ce prince le seraient-ils pour son successeur. On me répondra encore par ces paroles banales, à l'aide desquelles on peut tout se permettre, que les *choses ont changé, que des raisons d'État, des circonstances extraordinaires,* ont déter-

miné Louis XVIII à faire les choses qui lui répu-
gnaient le plus. Voilà comme on fait , sans s'en
douter, l'apologie du despotisme et de l'arbitraire.
A l'aide de ces mots, *raisons d'État, circonstances extraordinaires* , un ministre ambitieux
pourra tout oser, et la Charte ne sera plus
qu'une décevante illusion. Si les détenteurs des
biens des proscrits ont trouvé bon que les lois
les maintinssent dans la jouissance de ces propriétés , de quel droit trouveraient-ils mauvais
que d'autres lois les dépossédassent?

De l'excès du mal (la révolution) on pouvait
tirer un principe conservateur des sociétés, pro-
tecteur des citoyens honnêtes , et qui eût servi
de frein aux passions les plus basses ; c'était de
proscrire à toujours et à jamais les confiscations ;
mais je ne saurais trop le répéter , il ne fallait
pas violer le principe au moment où on voulait
l'établir.

Ce qu'on n'a pas fait alors, il faut le faire aujourd'hui ; il est toujours temps de faire le bien :
des raisons d'État exigent impérieusement la restitution du bien des proscrits, et la Charte elle-
même l'autorise avec *indemnité*. Aucune difficulté
réelle n'existe. Y en aurait-il, il faudrait les sur-
monter. Cette mesure est dans l'intérêt de la couronne, dans celui de l'État, dans celui de la justice ; et lorsqu'il est question de l'exécuter, on
vient parler de difficultés ? Les ministres qui

tiendraient ce langage, donneraient une mince
idée de leur capacité, et une bien plus faible
idée encore de leur moralité.

Mon opinion particulière, opinion sur laquelle
je n'ai jamais varié, est que les biens des proscrits
devraient leur être rendus, sans indemnité pour
les détenteurs, par la raison que l'indemnité est
une charge que l'État ne doit pas supporter,
et que l'indemnité outrage la morale. Lorsque
Buonaparte fit demander au feu Roi de lui céder
ses droits à la couronne de France, ce prince
répondit *que rien ne pourrait le décider à
transiger sur ses droits.*

Pourquoi les émigrés transigeraient-ils sur les
leurs? Sont-ils moins sacrés? Qui peut transiger
pour eux, qu'eux-mêmes? Qu'on y prenne garde;
attaquer ce principe ou le nier, c'est saper les
fondemens de la propriété.

Tous les publicistes sont d'accord sur la légitimité des droits des émigrés. Voici de quelle manière s'exprimait, trois mois avant qu'il ne fût
question de la Charte, un écrivain qui jouit aujourd'hui d'une grande popularité.

*Celui qu'enrichit la spoliation ne devient que
plus indigne de ce qu'il ravit.*

*Quand des hommes, durant nos troubles,
se seraient investis, en quelques heures, de propriétés considérables, par une volonté qu'ils
auraient appelée loi, le peuple et eux-mêmes*

auraient pensé que ce que la loi avait conféré,
la loi pouvait le reprendre.

Cette opinion, qui honore M. Benjamin de
Constant, est celle de tous les honnêtes gens. En
restituant le bien aux émigrés, le droit l'empor-
tera sur le fait, le bien sur le mal, la vertu enfin
sur le crime.

Celui qu'enrichit la spoliation ne devient
que plus indigne de ce qu'il ravit.

Indigne de ce qu'il ravit, ne veut pas dire
qu'on laissera jouir tranquillement et paisible-
ment du bien des proscrits ceux qui s'en sont
emparés. *Indigne de ce qu'il ravit,* veut encore
moins dire qu'on augmentera la dette d'un État
d'un milliard et plus, pour rassurer *ces gens*
indignes de ce qu'ils ont ravi, et afin de donner
à ces propriétés une valeur double et triple de
ce qu'elles valent présentement. Cette tentative,
au surplus, sera sans succès. Agir ainsi, est mé-
connaître les idées de la politique la plus commune. Quel exemple pour les races futures !
Quels stimulans puissans pour ces êtres corrom-
pus qui ne rêvent que révolutions ! Quelle leçon
terrible et dangereuse pour ceux qui seraient
tentés de se dévouer pour leur prince !

Je le répète, l'opinion de M. Benjamin de
Constant est celle d'un homme honnête, cons-
ciencieux et délicat; c'est ainsi qu'ont pensé les

grands publicistes, les Grotius, les Puffendorf, les Bacon et tant d'autres.

A l'appui de ces principes immuables et éternels, comme l'auteur de toutes choses, dont ils émanent, je vais transcrire ce qu'écrivait, dans le dix-septième siècle, ce père de l'Église dont les décisions font autorité, ce génie extraordinaire de cette époque si fameuse en grands hommes, Bossuet.

Les monarchies les plus absolues, dit cet illustre prélat, *ne laissent pas d'avoir des bornes inébranlables dans certaines lois fondamentales, contre lesquelles on ne peut rien faire qui ne soit nul de soi. Ravir le bien d'un sujet pour le donner à un autre, est un acte de cette nature. On n'a pas besoin d'armer l'oppressé contre l'oppresseur, le temps combat pour lui, la violence réclame contre elle-même. Il n'y a point d'homme assez insensé pour croire assurer la fortune de sa famille par de tels actes*.........

.... Et ailleurs : *Il y a des lois dans les empires légitimes*, contre lesquelles tout ce qui se fait est nul de droit, et *il y a toujours ouverture à revenir contre, ou dans d'autres occasions ou dans d'autres temps*; de sorte que chacun doit demeurer légitime possesseur de ses biens......

Qu'opposera-t-on à ces idées, dans lesquelles on reconnaît l'inspiration divine? Sera-ce la *morale* de Carrier, de Marat, de Robespierre ou de leurs échos. Il n'y a point de milieu; il faut se ranger d'un côté ou de l'autre. A quel degré d'abjection sommes-nous tombés pour en être là?

Le projet de loi présenté par les ministres tend à bouleverser la France, en irritant les passions plus que jamais. Les ministres ont ouvert la boîte de Pandore.

Un cri unanime d'indignation s'est déjà fait entendre dans toute la France contre le texte de la loi d'indemnité; elle révolte les émigrés, et ne change rien à la position des possesseurs de leurs biens.

La justice, sous aucun rapport, n'a présidé à la rédaction de cette loi. Deux officiers ont émigré; l'un possédait en biens-fonds dix mille francs de revenu, l'autre cent mille francs en rentes sur l'État; le propriétaire en biens-fonds aura une indemnité telle qu'elle; l'autre, à ce qu'il paraît, doit périr de misère. Ce n'est pas avec de pareils projets de loi qu'on remplit les vues paternelles de Votre Majesté!

On veut éteindre sans retour, dit-on, *les divisions et les haines,* et le projet ne tend qu'à les animer.

On a parlé de terres qui, après des siècles, sont sillonnées par des volcans; oui, Sire, rien

n'est plus vrai, et la leçon qu'on retire de ces évé-
nemens funestes, se réduit à cette image *de terres
sillonnées par des volcans*, qui ne donne pas une
idée juste de ce que voulait dire l'orateur.

L'Irlande (1), à la suite de guerres civiles,
cruelles et sanglantes, vit aussi les biens d'une
partie de ses enfans passer, comme en France,
entre les mains d'avides spoliateurs; dès-lors ce
malheureux royaume n'a pu jouir de la moindre
tranquillité. Le pillage, les incendies et les meur-
tres sont venus porter le trouble parmi les acquéreurs de ces biens. Les supplices de toutes espèces
n'ont pu arrêter les vengeances de ceux qui avaient
été dépossédés. Le gouvernement, effrayé de tant
de désordres, a essayé de dédommager par des
concessions en terres, par des places, des digni-
tés et des pensions, les chefs des familles dépos-
sédées : rien n'a pu calmer les esprits. M. Pitt, un
des grands hommes d'état qu'ait eus l'Angleterre,
jugea que le seul moyen de remettre la paix dans
le royaume était d'acheter les terres pour les rendre aux légitimes propriétaires. Il fut impossible
de les reconnaître, à raison des massacres qui
avaient eu lieu et des émigrations fréquentes de
ce peuple infortuné. Cette difficulté suspendit
l'exécution de ce plan que la politique seule avait
suggéré à ce grand ministre, et qu'une mort pré-
maturée l'a empêché d'effectuer.

---

(1) C'est de ce royaume qu'on voulait parler.

Ce n'est pas ainsi qu'on a cru devoir agir en France. Quelle différence cependant dans les deux espèces ? En Irlande, c'étaient les ennemis de la famille régnante et de la religion dominante, auxquels le gouvernement tendait une main secourable. Loin de consacrer la spoliation, il voulut reprendre à ses amis les biens de ses ennemis, pour les leur rendre. Ce projet ayant été abandonné par les successeurs de M. Pitt, l'Irlande a été de nouveau inondée de sang !

Laisser les biens à ceux qui les ont pris, et en priver pour jamais les légitimes propriétaires, dépossédés pour avoir été fidèles à leur prince, est un conseil fatal à la France, et qui n'a pas peu contribué à pervertir l'esprit public. On ne fait point impunément dans un État des fautes de cette espèce ; aussi M. Bellart, procureur-général à la Cour royale de Paris, s'écriait-il dernièrement avec douleur, que les assassins du saint Roi-Martyr *eurent plus à rougir de ce crime sous l'usurpation que sous la légitimité.*

Paroles effrayantes, mais vraies. Si j'osais, Sire, je les recommanderais à la sagesse de vos hautes méditations.

On s'est écarté du chemin de la justice, il faut y rentrer.

Pour rendre la Charte digne de son auguste auteur, il faut faire disparaître la base sur laquelle elle repose. Cette base est la spoliation qui

mène à sa suite les cris, les pleurs et le désespoir.
La spoliation, cette fille de l'enfer, doit rentrer
dans l'abîme d'où elle a été vomie.

Le moment est venu, SIRE, de faire cesser un
scandale si extraordinaire, qu'on chercherait vai-
nement dans l'histoire une page qui en offrît un
pareil. *Il y a des lois dans les empires légitimes, contre lesquelles tout ce qui se fait est
nul de droit, et il y a toujours ouverture à revenir contre ou dans d'autres occasions, ou
dans d'autres temps ; de sorte que chacun doit
demeurer légitime possesseur de ses biens. . .*

. . . .

Ce temps, cette occasion dont parle Bossuet,
sont venus.

Point de tranquillité, point d'union, point de
paix parfaite et de grandeur nationale, que la
restitution des biens des proscrits ne soit faite.

Voici plus de trente ans que le patrimoine des
émigrés a été ravi. Les bois en ont été arrachés,
les maisons détruites : qu'on leur rende ces ruines, ces terres désolées qui réclament leurs anciens propriétaires ; elles sont précieuses pour
eux, elles sont riches en souvenir. Là, ils enten-
dront dire que quand leurs pères habitaient ce
château renversé par l'ouragan révolutionnaire,
les pauvres étaient secourus dans leurs maladies,
assistés dans leurs besoins, et que les malheureux trouvaient en eux des amis plutôt que des

protecteurs. Les vœux les plus purs s'éleveront
au ciel pour bénir leur retour, pour bénir Votre Majesté. Ce seront les pauvres, SIRE, qui
prieront pour vous; les pauvres, dont les prières
sont si agréables à Dieu. Des chaumières rem-
placeront les châteaux. Ces loyaux serviteurs du
Roi et de l'État mettront leurs soins à imiter les
exemples de leurs pères ; c'est ainsi que la bienfaisance devient héréditaire dans les familles, et
que les races vertueuses, soutiens des trônes, s'é-
lèvent loin des grandes villes, séjour de la corrup-
tion et de l'égoïsme. SIRE, on bénira votre nom,
on bénira celui de votre auguste famille, dans ces
asiles de paix, où les enfans apprendront, en su-
çant le lait de leur mère, qu'ils sont nés pour
servir les Bourbons, et que leur devoir est de périr pour les soutenir et les défendre.

Ces races précieuses, si elles restent dans les
campagnes, seront bientôt énervées et corrom-
pues dans les villes. Le luxe insolent des spoliateurs, l'injustice qu'on aura commise à leur égard,
et c'est ainsi qu'ils appelleront *l'indemnité*, qui
est le complément de la spoliation elle-même,
leur feront sentir plus vivement leur misère. Ils
ne pourront passer sans regret à côté des habitations de leurs pères; ils maudiront ceux qui les
auront et ceux qui les occuperont; ils vivront
dans la haine et le dépit; l'oisiveté augmentera
encore leurs maux : enfin ils vendront leurs ren-

tes, qui n'attachent et ne fixent pas l'homme,
pour chercher à faire fortune. Quel sera le terme
d'une existence si agitée et si malheureuse? SIRE,
je suis père de cinq enfans, et l'avenir m'épou-
vanterait, si je n'avais une confiance sans bornes
dans les hautes vertus de Votre Majesté et dans
ses profondes lumières. La faiblesse des princes
occasionne toujours la chute des empires, et les
concessions avilissent l'autorité.

La justice, SIRE, *est la bienfaisance des Rois.*
Un Roi ferme et juste n'a jamais eu qu'un règne
glorieux; tel sera celui de Votre Majesté.

C'est sous ce règne, SIRE, espoir de la France,
qu'on reviendra à ces principes d'équité et de
justice sans lesquels les gouvernemens ne peuvent se soutenir.

Toute transaction avec le crime est un crime
elle-même. Est-il donc illusoire le précepte de ne
prendre ni de retenir le bien d'autrui? Y a t-il
deux manières de l'entendre? Ma conscience me
répond que non.

Mais, diront les ultra-révolutionnaires, le Roi
a fait le serment de fidélité à la Charte, et la
Charte consacre la vente des biens des émigrés?
Votre Majesté veut-elle me permettre de répon-
dre à cette objection spécieuse peut-être en ap-
parence, mais dans le fond puérile. Ces gens
qui invoqueront la sainteté du serment, sont pré-
cisément ceux qui en ont fait cent, qu'ils ont

tous violés, et qui en feraient encore mille autres avec la résolution de les violer tous, s'ils y
trouvaient leur intérêt. Un Roi de France ne
viole jamais ses sermens ; il les observe religieu-
sement ; mais lorsqu'il y a erreur ou *crime* dans
le serment, il est nul de droit. Ici il y a erreur :
si Louis XVIII, dans une circonstance quelcon-
que, a eu le droit de disposer de nos biens, il l'a toujours eu ; Votre Majesté l'a également, et ce droit,
Sire, passera à tous les princes qui règneront
après vous. Cette circonstance, dont votre auguste Frère a usé, servira d'excuse aux spoliations que des ministres voudront faire dans la
suite. J'ai dit des ministres, parce que les princes de votre sang ne souffriront jamais qu'on tour-
mente leurs sujets, et encore moins qu'on les dé-
pouille. Admettre le droit dans une circonstance,
c'est nous ramener vers la barbarie, c'est recu-
ler la civilisation de dix siècles.

L'article 9 de la Charte est donc la seule cause
de la division qui règne en France. Vous con-
naissez le mal, Sire, vous pouvez donner la paix
à votre royaume et rallier tous les esprits.

Quelques rentes sur l'Etat ne peuvent tenir
lieu aux émigrés du bien de leurs pères. Cette
mesure, onéreuse pour le Trésor, n'est dans l'intérêt de qui que ce soit.

Mon opinion est invariable ; je pense qu'il n'est
rien dû aux détenteurs des biens des proscrits ;

mais si, toujours fidèle au système dangereux des
concessions, on veut traiter avec faveur cette
classe d'hommes, alors qu'on leur donne l'indemnité destinée aux émigrés. Au lieu de propriétés,
sujets d'inquiétudes pour eux, d'outrages et d'hu-
miliations, ils auront des rentes avec lesquelles
ils pourront au moins recouvrer la tranquillité de
l'esprit. Les biens des proscrits remis dans le
commerce, auront dès ce moment la valeur des
autres propriétés; laissés aux détenteurs actuels,
ils continueront d'être frappés de réprobation.
Ceci est dans la nature des choses, dans la nature
de l'homme. On sait que ces biens n'ont rien coûté
aux détenteurs; il n'en faut pas davantage pour
empêcher d'acheter à un prix élevé ces objets des
regrets des anciens propriétaires, qui ne consen-
tiront à la loi d'indemnité que comme à toutes les
lois concernant l'émigration, auxquelles ils ont
été obligés de se soumettre, parce qu'elles étaient
appuyées par la force. La force, SIRE, ne peut
remplacer le droit et la justice. Lorsqu'il est question d'augmenter la dette publique de plus d'un
milliard, cela mériterait, il me semble, une sé-
rieuse attention : car imposer à l'État une charge
aussi pesante, sans qu'il en résulte aucun avan-
tage pour lui, est une mesure dont il serait plus
sage de ne pas s'occuper. Les biens des proscrits,
entre les mains des détenteurs actuels, représen-
tent au plus un capital d'un milliard. On ne pourra

lever l'hypothèque morale dont ils sont frappés, qu'en les rendant à leurs maîtres; ils représenteront alors un capital de trois milliards.

En donnant une indemnité aux émigrés, les choses resteront comme elles sont aujourd'hui. Les deux nations, celle des spoliés et celle des spoliateurs, continueront d'être divisées. D'un côté, sentimens de haine implacable, terreurs momentanées, inquiétudes continuelles; de l'autre, haine et mépris. Est-il de la politique, est-il de l'intérêt de l'Etat de laisser ainsi un levain de discorde et d'agitation ?

Un inconvénient qui résulterait encore de cette mesure impolitique, serait d'indisposer la nation contre une classe de citoyens qui, par sa conduite dans sa bonne comme dans sa mauvaise fortune, a toujours su conquérir son estime. On regarderait alors les émigrés comme des spoliateurs de la fortune publique, eux qui ont tout perdu.

De quelque côté, SIRE, que j'envisage la question que je viens de traiter, il m'est toujours constamment démontré que les *détenteurs* actuels des biens des proscrits doivent être dépossédés.

Sous le rapport de la justice, il n'y a aucun doute à élever.

Dans l'intérêt de l'État, il est utile de rendre au commerce un capital de deux milliards, que les détenteurs des biens des proscrits lui ont enlevé. J'ai déjà dit que ces biens, qui valent effec-

livement trois milliards, comparativement aux au-
t. es propriétés, n'en valent qu'un entre les mains de
ceux qui en jouissent presentement. Il faut, pour
l'honneur national, qu'on les dépossède, afin de
cacher à nos neveux la perversité de notre temps.

Avant de terminer cet écrit, je crois devoir
donner à Votre Majesté une idée de la manière
dont les biens des émigrés ont été vendus. Ne
voulant pas citer les miens, je prendrai pour
exemple un château bien bâti avec de belles ave-
nues et un revenu de 12 à 14,000 fr., le tout si-
tué en Normandie, à peu de distance du lieu où
je suis né. Le détenteur de cette propriété n'avait
pas de quoi dîner le jour où il se rendit adjudi-
cataire de cet objet. Il abattit pour 25 ou 30,000 fr.
de bois, dont 3000 fr. au plus lui ont suffi pour
se libérer vis-à-vis *de la nation*, pour me servir
des expressions du temps. C'est à-peu-près de
cette manière que tous les biens des émigrés ont
passé dans des mains étrangères. Ces détenteurs
des biens des proscrits ont été inexorables pour
le malheur, et ont laissé périr de faim les légitimes propriétaires. La restauration n'a changé
en rien leur système de dureté, et on pourrait
même dire qu'ils ont eu l'air de braver la royauté
par cette insensibilité qu'ils n'ont cessé de mon-
trer envers ceux qui avaient tout perdu pour elle:
et c'est vis-à-vis ces gens-là que la nation se pros-
terne depuis dix ans! et c'est pour eux que la

justice a brisé ses balances! Le génie du mal pré-
sidera-t-il encore long-temps aux destinées de ce
beau royaume, qui, sous le règne de Votre Majesté, doit être à la tête des nations civilisées? Il
ne peut y arriver, SIRE, qu'en précipitant dans
l'abîme les théories révolutionnaires. Elles ont
tout dénaturé. Elles parlent de libertés, et elles
étouffent jusqu'à la pensée ! Elles ont travesti en
crimes les sentimens les plus honorables!

Les ministres, depuis la restauration, presque
toujours cramponnés à la révolution, se sont fait
un jeu de poursuivre les royalistes les plus re-
commandables. M. Falconet, avocat droit et
intègre, ayant publié un plaidoyer plein d'âme
et de sentiment, en faveur des émigrés, fut ar-
rêté aussitôt et traîné en prison. M. Falconet
est mort : *Homme généreux et sensible, dors du*
sommeil du juste, et que le souvenir de ta belle
action se conserve pour apprendre aux races fu-
tures que dans ces temps de malheurs il fut des
hommes sensibles, prêts à tout braver pour sécher
les pleurs de l'infortune.

Quelque temps après, un savant et célèbre
jurisconsulte, M. Dard, touché du sort des émigrés et de leur résignation à supporter toutes les
horreurs de l'adversité, fit un écrit plein de sagesse et d'humanité en leur faveur; ce défenseur
généreux et désintéressé de l'infortune, fut aussi
jeté dans les prisons comme un obscur scélérat.

En 1820, un de ces hommes, dont l'âme grande et noble appartient aux temps héroïques, et le beau talent au siècle de Périclès ou à celui de Louis XIV, M. Bergasse, un des membres les plus distingués de l'Assemblée Constituante, touché de l'oubli dans lequel on laissait tant de victimes, éleva pour les émigrés cette voix éloquente, qui, *dès les premiers jours de sa jeunesse, comme il le dit lui-même, avait fait alliance avec le malheur.* Les dépositaires de l'autorité répondirent à cet élan d'un cœur magnanime, en plaçant sur la sellette des criminels l'homme de bien, le vertueux et vénérable citoyen, auquel Sparte, dans ses beaux jours, eût décerné des honneurs publics.

C'était au nom de la Charte et pour la Charte qu'on persécutait ainsi des hommes dont le savoir et les vertus honoraient leur pays. Les ministres semblaient ignorer que *si la justice est un devoir dans les gouvernemens, l'impartialité n'est qu'une folie et un crime.*

Lorsqu'on voit son parti d'un côté et ses ennemis de l'autre, il ne faut pas se faire un mérite imbécile de rester au milieu (1).

Mais écraser ses amis, c'est passer dans le parti contraire ; ces monstruosités présagent ordinairement la chute des empires. Lorsque

_____

(1) M. Benjamin de Constant.

Charles Ier, et Louis XVI abandonnèrent leurs
serviteurs, la monarchie s'écroula promptement.
Grand Dieu! est-ce donc là ce qu'on voulait?
Un malaise s'empare de l'âme en songeant à toutes
ces aberrations de l'esprit et du cœur : cet état
pénible cessera, SIRE, lorsque *chacun demeu-*
rera légitime possesseur de ses biens.

C'est le vœu des provinces que j'exprime à
Votre Majesté, le vœu de vingt-huit millions d'ha-
bitans. Les députés des départemens sont à Paris;
ils conviendront de la vérité de ce que j'avance.

On craint de blesser les détenteurs des biens
des proscrits! Toujours de l'humanité pour des
gens qui n'en ont jamais montré. Mais si on leur
donne une indemnité, les âmes sensibles et timo-
rées pour les détenteurs des biens d'émigrés, de
ce moment n'auront plus sujet de s'affliger.

Ces routes majestueuses qui rendent les com-
munications si faciles d'un bout du royaume à
l'autre, ont coupé l'héritage du pauvre, traversé
le parc de l'homme riche; du moment où l'intérêt
public l'exigeait, personne ne s'est plaint. A qui se
plaindraient les détenteurs des biens des émigrés?
Oseraient-ils se plaindre? La manière dont ils ont
eu ces biens, la manière dont ils en ont joui, ne
prouvent-elles pas qu'ils ne comptaient point les
garder? Le peuple fera entendre mille cris pour
les accuser, et pas une voix pour les défendre.

Qui peut s'opposer à ce qu'on restitue les biens

des émigrés? La justice parle pour eux; la politique parle encore davantage en leur faveur. Si on ne dépossède pas les détenteurs des biens des émigrés, ils vont se croire une puissance. En effet, on a l'air de trembler devant eux. Voilà comme la faiblesse cause le bouleversement des États, donne de l'importance à des gens qui ne songeaient même pas à en avoir. On les provoque en quelque façon à être factieux.

Il est d'une sage politique d'attacher au sol des gens qui l'aiment, et qui, en outre, aiment la dynastie qui gouverne. Voilà les vraies garanties d'un État. C'était cette politique prévoyante qui guidait l'affreux Octave, que la flatterie a surnommé Auguste, lorsqu'il donna à ses légionnaires les terres de ceux qui s'étaient déclarés contre lui. Cette politique inspirait Buonaparte lorsqu'il disait à ses soldats : *Je vous donnerai les terres de vos ennemis;* et enfin c'est la politique suivie par la Convention en dépouillant les émigrés.

Mais donner à ses ennemis les terres de ses amis, c'est la politique renversée; ce sont des choses qu'il est aussi impossible de définir que de concevoir. Il faut constituer ou bouleverser un État; continuer le système présentement établi, c'est avoir envie de le culbuter, c'est bâtir une maison sur du sable mouvant.

Si on n'atteint pas le but qu'on se propose; si

le lendemain où la loi d'indemnité sera promul-
guée, la distinction entre les biens patrimoniaux
et les biens d'émigrés subsiste, le gouvernement
se déconsidérera par ses moyens dilatoires. La
faiblesse est ce qui se pardonne le moins chez une
nation essentiellement franche et généreuse.

Si on atteint le but qu'on se propose, celui de
doubler ou de tripler la valeur des biens des détenteurs actuels, on indisposera toute la nation;
car elle supportera une charge excessive, une
charge d'un milliard pour procurer un bénéfice
de deux milliards à une classe de gens qui sont
haïs; la charge devrait être supportée par les détenteurs des biens, puisqu'eux seuls en auront
le profit. Donner une indemnité aux émigrés est
donc la mesure la plus fausse et la plus dangereuse pour l'État.

Au nom de ma famille, qui ne me désavouera
pas, en mon nom particulier, nous faisons le sacrifice de nos biens vendus, montant à plus de six
millions, et je pourrais presque dire au nom des
émigrés; mais en stipulant dans votre intérêt,
Sire, dans celui de votre dynastie, dans celui de
l'État, au nom de la morale publique outragée,
au nom de la religion alarmée, de ne pas laisser
nos biens entre les mains des détenteurs actuels;
qu'ils reçoivent une indemnité, si on croit leur
en devoir; que nos propriétés soient ensuite aban-
données à des établissemens publics, aux hôpi-

taux, ces asiles de la misère qu'on a indignement dépouillés, et le surplus servira à récompenser les braves de vos armées.

Si nos enfans un jour nous demandent pourquoi, après avoir tant perdu, nous avons encore fait ce sacrifice, nous leur répondrons : « *Tout pour le Prince, tout pour l'État ; il fallait sauver l'honneur de la monarchie : pouvions-nous balancer ?* »

Voilà, SIRE, ce que mon zèle pour Votre Majesté m'a dicté : puisse-t-il lui être agréable ! Personne, SIRE, ne vous aime plus que moi ; mon attachement pour Votre Majesté date de ma jeunesse. Il est pur comme le Prince qui en est l'objet.

En 1791, je sortis de l'Ecole militaire de Vendôme pour servir sous vos drapeaux.

Dans les régimens où j'ai été, je me suis conduit comme un loyal serviteur de Votre Majesté devait le faire : j'ai eu deux chevaux tués sous moi.

Une partie de ma famille a été tuée ou blessée à votre service.

Dans le mois de juillet 1800, je partis de Paris pour me rendre à Mittau près du feu Roi. L'empereur de Russie, Paul Ier., venait d'interdire l'entrée de ses états à tous les étrangers sans distinction. Je m'arrêtai à Berlin, d'où j'adressai au Roi un Mémoire que je remis à M. le baron de Krudener, conseiller intime de l'empereur de Russie, et son ministre plénipotentiaire à la cour de Prusse. M. le baron de Krudener me promit non-seulement de faire parvenir à Sa Majesté la dépêche que je lui confiais, mais aussi la réponse de ce prince, s'il jugeait à propos d'en faire une. Je proposais de faire ce que le général Georges a tenté depuis, d'attaquer de vive-force Buonaparte. Je ne demandais pas au Roi les moyens d'exécution, je les avais en mon pouvoir; je voulais que ce Prince se mît en mesure de saisir l'autorité, dans le cas où j'eusse réussi. J'attendis deux mois la réponse.

Impliqué dans deux conspirations, peu s'en est fallu que je n'aye péri dans celle du général Georges, où tant de braves royalistes ont succombé. Enfermé à la Force, et ensuite au Temple, je ne suis sorti de prison que pour être envoyé, sous la plus grande surveillance, dans la commune où je suis né, position désagréable, qui n'a cessé qu'à la restauration.

A cette époque, je vins à Paris offrir mes services au Roi; on n'en voulut point : les royalistes les plus dévoués furent éconduits ainsi que moi. On préparait déjà le 20 mars.

Je n'ai demandé aucune place; j'ai toujours servi Votre Majesté et le feu Roi à mes frais, sans craindre de compromettre les débris de ma fortune. Dans les périls de la monarchie on m'a

vu partout où il y avait du danger : lorsqu'il a
été question de solliciter des récompenses, je me
suis retiré, résolu de reparaître dans les jours
d'orage. En agissant ainsi, j'écoutais le cri de ma
conscience ; je lui obéis dans ce moment en adressant ce mémoire à Votre Majesté.

Père de cinq enfans, quatre garçons et une fille,
ce n'est point, SIRE, par intérêt personnel que j'ai
fait cet écrit. L'amour que j'ai pour Votre Majesté,
celui que j'ai pour mon pays, m'ont seuls déter-
miné à vous représenter, SIRE, combien il serait
fâcheux pour le royaume d'y laisser deux nations
ennemies, dont les haines héréditaires pourront
un jour lui être funestes : tel sera le résultat de la
loi sur l'indemnité.

CONCLUSION.

Le royaume ne sera tranquille et puissant, Sire,
et votre dynastie ne sera consolidée sur le trône
de France, que quand les biens des spoliés leur auront été rendus. Il faudra en venir là tôt ou tard ;
il n'y a point à composer avec la nécessité. SIRE,
en voyant les fautes de Buonaparte, j'ai, dans sa
prospérité, annoncé sa chute et votre retour.
Deux mois après la restauration, j'ai prédi le 20
mars. En vous adressant ce Mémoire, je n'ai en

vue que le bien-être de Votre Majesté et l'intérêt de l'Etat.

C'est un spectacle d'une immoralité effrayante que celui du ministère du Roi très-chrétien, luttant contre la loyauté et la délicatesse de la nation, et voulant étouffer ses scrupules et sa répugnance à partager les dépouilles des proscrits ; ces nobles sentimens sont cependant la plus belle garantie contre les spoliations à venir.

En restituant les biens aux légitimes propriétaires, l'abîme de la révolution sera fermé, les haines disparaîtront ; les idées de justice, sans lesquelles les sociétés humaines ne peuvent se soutenir, prendront le dessus, et les possesseurs des biens des proscrits ne tarderont pas à se convaincre qu'il faut *être insensé pour croire assurer la fortune de sa famille en ravissant le bien d'autrui, et qu'il faut que chacun demeure légitime possesseur du sien* (1).

Ceux qui ont conçu et rédigé le projet de loi, sont des gens qui n'ont rien perdu à la révolution : cela est aisé à voir. Ce qui est aussi visible, mais bien malheureux dans ce moment, c'est qu'ils n'ont pas la plus petite idée du cœur humain. Si l'opinion que j'émets dans ce moment n'était pas celle de toute ma vie, le discours qui précède le projet

(1) Bossuet.

de loi ne m'en eût pas donné d'autre. *Il y a*, dit le rapporteur de ce projet, *dans les rapprochemens continuels des anciens propriétaires et des possesseurs actuels, une action constante, un froissement qui entretient et qui anime les haines;* mais le projet de loi sur l'indemnité semble n'avoir d'autre but que d'alimenter les haines, et de les rendre plus fortes et plus violentes. Ce qu'on donne aux émigrés se réduit à peu de chose, et ce n'est pas pour eux qu'on le fait, ce n'est pas non plus par amour pour la justice; c'est pour les possesseurs de leurs biens, c'est pour donner aux propriétés dont ils jouissent une valeur double et triple de ce qu'elles ont dans ce moment; et la preuve de ce que j'avance, c'est qu'on ne s'est nullement occupé de ceux dont on a vendu le mobilier et cessé de payer les rentes. Ainsi l'homme qui a resté à Paris, et qui a pris part aux journées du 10 août, du 2 septembre, du 21 janvier, et à tous les crimes de cette époque de douloureux souvenir, perçoit les rentes qu'il avait sur l'Etat, reçoit même une pension considérable; et celui qui a suivi les Bourbons, et qui n'avait pour nourrir et élever sa famille qu'une rente sur le grand-livre, doit périr de misère; le projet de loi n'a même pas daigné parler de lui. Ils sont bien légers ou bien cruels, ceux qui ont rédigé cet acte impolitique.

Les biens confisqués sur les émigrés, dit le rapporteur du projet de loi d'indemnité, *trou-*

vent difficilement des acquéreurs. Donc, il faut les rendre à leurs anciens propriétaires, et sur-le-champ ils auront la valeur des autres proprié-tés; il n'en faut pas davantage pour prouver que la chose est indispensable, et qu'il n'y a pas d'autre moyen d'en finir.

Voici le moment, SIRE, de terminer la révolu-tion. Vous êtes aux prises avec elle; il faut la ter-rasser ou elle vous étouffera. Depuis la restaura-tion, il y a une conspiration permanente contre votre dynastie; toujours les intérêts révolution-naires se sont présentés pour anéantir les vôtres et ceux des personnes qui vous sont dévouées. Accomplissez ce grand acte de justice, sans le-quel la France ne peut jouir d'aucun bonheur et d'aucune tranquillité.

Les biens d'émigrés, par la raison qu'ils se vendent difficilement, ont peu changé de mains, et ce que je propose est la chose la plus facile.

Ne vous laissez pas dominer, SIRE, par les théories révolutionnaires toutes contraires à votre intérêt; elles compromettent la gloire de votre illustre maison. *L'honneur et la justice,* c'est, je le sais, votre devise : c'est en les suivant que vous sauverez la France.

Jamais question dans une monarchie ne fut d'un plus haut intérêt : il s'agit de combler l'abîme de la révolution, ou de le laisser toujours ouvert et prêt à nous engloutir; il s'agit d'asseoir sur des bases inébranlables le trône de Votre Majesté. Votre plus fidèle ami, pardonnez-moi l'expression, SIRE, en faveur de la vérité, pouvait-il rester indifférent et muet dans une circonstance aussi grave ?

Puissent mes vœux être accomplis ! Dieu accordera à Votre Majesté un règne long et heureux, et votre auguste dynastie régnera toujours et à jamais en France.

J'ai l'honneur d'être, SIRE, avec respect,

DE VOTRE MAJESTÉ,

Le très obéissant et très fidèle sujet,

DE GASTÉ.

Imprimerie Anthelme BOUCHER, rue des Bons-Enfans, N°. 34.